SPRAY

Pour Jean

ISBN 978-2-211-21531-2
www.ecoledesloisirs.fr
www.ecoledesmax.com

Loi n° 49.956 du 16 juillet 1949 sur les publications destinées à la jeunesse : janvier 2012
Dépôt légal : juin 2014
Imprimé en France par Clerc à Saint-Amand-Montrond

Édition spéciale non commercialisée en librairie

Michel Backès

Moi, Joshua Slocum, navigateur solitaire

illustré par l'auteur

ARCHIMÈDE

l'école des loisirs

11, rue de Sèvres, Paris 6e

Je m'appelle Joshua Slocum.
Je suis né en 1844 au Canada, en Nouvelle-Écosse.
Tous mes ancêtres étaient marins.
À huit ans, je sillonnais la baie de Fundy
sur une coque de noix[1] avec d'autres gamins,
au risque de me noyer.
J'étais aussi grand lecteur de livres sur la mer.

Plus tard, je fus aide-cuisinier à bord d'une goélette de pêche. Puis, les années passant, je commandai des navires marchands en route vers les mers lointaines…

Mais, vers 1890, la marine à vapeur commença à remplacer la marine à voile. Et bientôt le capitaine expérimenté que j'étais se retrouva sans travail.

Que faire ? Où aller ? Qu'est-ce que j'allais devenir ?

Un ami, capitaine de baleinier, me proposa un vieux bateau, le *Spray*.
C'était un sloop[2] de onze mètres qui avait servi à la pêche et dormait depuis des années sous une bâche.

Je me mis au travail et le rafistolai entièrement.

Cela me prit treize mois.

Au bout de ces treize mois, je décidai de faire un voyage tout seul autour du monde.

C'est ainsi que, au matin du 24 avril 1895, par vent favorable, je lève l'ancre à bord du *Spray* et quitte le port de Boston, bien décidé à ne pas rebrousser chemin.

Pour me nourrir, j'ai emporté du matériel de pêche ; mais il me faut réapprendre ce que je savais enfant.

Par mer calme, je me plonge avec délices dans des livres lus et relus depuis mon enfance, *L'Île au trésor*, de Stevenson, et des récits de voyage, d'explorateurs…

Mais un jour que le *Spray* cingle vers le détroit de Gibraltar, d'affreuses nausées me prennent, parce que j'ai mangé des prunes avariées. Je manque m'évanouir.

Néanmoins, il me faut manœuvrer, car le vent se lève. Les vagues deviennent énormes.

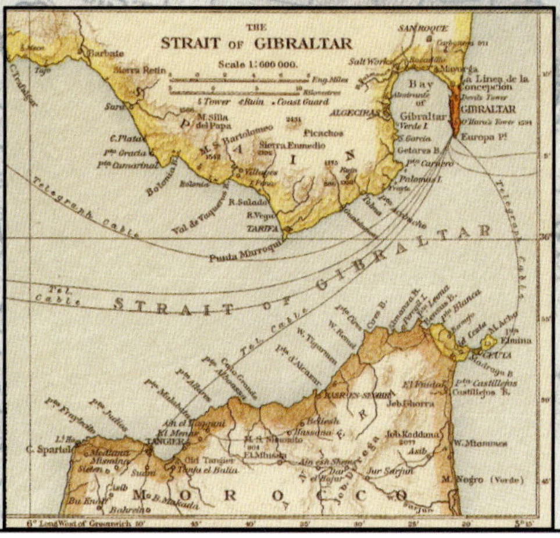

Je réduis la voilure et mets le *Spray* à la cape[3] :
c'est tout ce dont je suis capable dans mon état d'épuisement.

Puis je descends dans ma cabine
et m'écroule, à demi inconscient.

Quand je rouvre l'œil,
je crois voir un homme debout
sur le pont.
M'approchant de cette silhouette
en titubant, je trouve à la barre
un solide gaillard vêtu en pirate
qui conduit mon *Spray* d'une main
sûre.
Je l'entends me dire :
« Soyez tranquille, señor,
je ne vous veux pas de mal. »

Il ajoute : « La *Pinta* est devant nous. Il faut qu'on
la rattrape… »
La *Pinta* était l'un des trois navires de Christophe
Colomb !

Toujours est-il que le *Spray* a vaincu la tempête, piloté par ce fantôme.

Le lendemain, la mer s’est calmée
et mon pirate a disparu. Pas de doute,
j’ai rêvé.
En tout cas, l’image de Christophe
Colomb et de ses trois caravelles,
la *Niña*, la *Pinta* et la *Santa Maria*,
me reste dans la tête.

Après une longue escale que je me suis accordée à Gibraltar, je reprends la mer.
Je ne tarde pas à constater que deux felouques, petites embarcations qu'on rencontre fréquemment en Méditerranée à cette époque, m'ont pris en chasse.

Ce sont des pirates : ils pullulent dans ces parages.
Malgré mes efforts pour échapper à mes poursuivants, ils se rapprochent.
Ils ne vont plus tarder à m'aborder. Je suis perdu.

Mais à cet instant, une énorme lame[4] s'abat sur les felouques et manque les faire chavirer, provoquant à leur bord des cris de détresse.

Bientôt, cette terrible vague arrive sur le *Spray*.
Sous le choc, ma bôme[5] casse net. J'évite de justesse que ma voile ne se déchire.
Dès que possible, je réparerai la bôme, mais pour l'instant…

… j'ai plus urgent à faire.
Je descends dans ma cabine
et j'attrape mon fusil et des cartouches,
prêt à me battre.
Remonté sur le pont, j'aperçois
les pirates, là-bas, au loin, qui tâchent
en vain de rafistoler leur gréement[6].
Je l'ai échappé belle !

Enfant, jouer aux pirates me semblait drôle.
C'était sans risque. La réalité est tout autre, je viens de le constater !

Je me souviens…
Un matin, j'avais onze ans, un ami et moi
fuguions à bord d'une petite barque,
bien décidés à partir le plus loin possible.
Mais nous étions jeunes, sans expérience…

… et, au bout d'une journée de navigation hésitante,
il a bien fallu rentrer à la maison…
où nous attendaient nos pères furieux.

Ces souvenirs me reviennent tandis que je quitte Rio de Janeiro pour l'Uruguay.
Là, mon bateau s'échoue sur un banc de sable et me voilà m'ingéniant à le remettre à flot.
C'est l'occasion pour moi de regretter de n'avoir jamais appris à bien nager.

Finalement, le *Spray* retrouve la mer…
Tandis que, moi, je m'effondre, à bout de forces.

À présent, mon *Spray* a retrouvé une nouvelle jeunesse !

Un jour, mon père, me voyant
travailler à une maquette
de bateau, s'était fâché, m'accusant
de perdre mon temps.
Il avait cassé ma maquette
en morceaux.
Souvenir cuisant…

… mais, à y repenser, cette punition n'a fait que renforcer ma passion pour la construction navale.

Grâce à mes talents de bricoleur, le *Spray* se trouve maintenant équipé d'un magnifique poêle à bois,
Nous sommes en hiver, et, ici, les nuits sont glaciales.

Mars 1896 : mon *Spray* se trouve
à nouveau pris dans la tourmente.
Des vagues énormes,
des vents terrifiants,
des courants très dangereux…
Un vrai cauchemar de marin !
Voici le cap Horn, surnommé
la « Voie lactée », car ici
une écume blanche recouvre la mer.

Jeune mousse, j'ai entendu des récits épouvantables sur cet endroit maudit.
Mais aujourd'hui, moi, Joshua Slocum, j'ai vaincu le cap Horn !

Le soir même, je mouille dans la baie dite « des Voleurs » et, par prudence, avant de me coucher,
je sème sur le pont du *Spray* une bonne ration de pointes de tapissier…

Bien m'en a pris : je suis arraché à mon premier sommeil par des cris de douleur. Des indigènes sont montés à bord avec de mauvaises intentions,

et, heureusement, leurs pieds nus ont rencontré mes clous.
Ils plongent aussitôt pour regagner leurs pirogues.

Je tire en l'air, pour montrer ma détermination.

Je sais que ces voleurs-là ont une peur panique des armes à feu. Je ne les reverrai pas de sitôt.

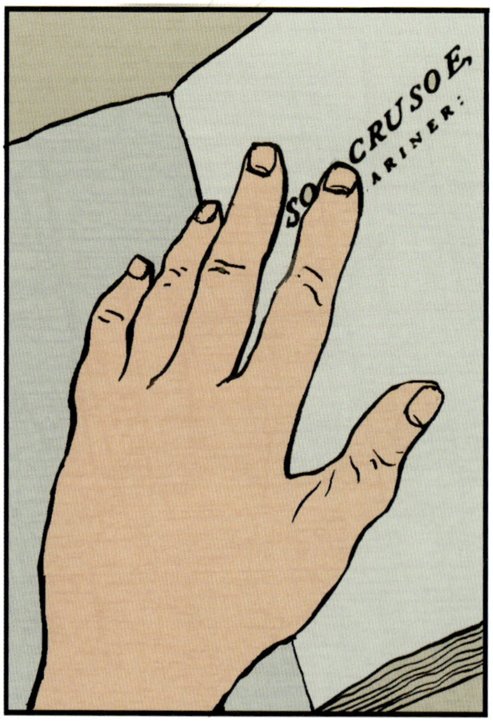

Les livres, mes fidéles compagnons de toujours ! Robinson Crusoé a vraiment existé. Il s'appelait Alexander Selkirk et était un matelot écossais qui fut débarqué sur l'île déserte de Juan-Fernandez à la suite d'une mutinerie[8]. Il y vécut quatre ans, avant d'être recueilli par un bâtiment corsaire en 1709. Aujourd'hui, c'est moi qui prends pied sur cette île, mouillant mon ancre dans la baie de Robinson-Crusoé…

… Je me recueille devant la plaque gravée à la mémoire de Selkirk.

Un soir, alors que je suis dans ma cabine, un choc violent ébranle le *Spray*.
Inquiet, je remonte sur le pont.

C'est une baleine qui m'a heurté. Elle semble avoir eu encore plus peur que moi.

Elle plonge et disparaît vers les profondeurs.

Il y a aussi tous ces oiseaux, mouettes, goélands, albatros et autres, qui viennent se poser sur le mât ou même sur le pont. Cela me permet de les voir de près. Certains deviennent mes familiers…

… de même que les marsouins[9] qui dansent autour du *Spray*.

Voici maintenant les îles Samoa, où mourut le grand écrivain écossais Robert Louis Stevenson, l'auteur de *L'Île au trésor*.

Sa tombe est ici,
sous de grands arbres,
avec cette épitaphe[10] :
Sous le vaste ciel étoilé
Creuse cette tombe et laisse-moi en paix
Heureux ai-je vécu
Et heureux je suis mort
Et me suis couché ici de mon plein gré.

Je suis reçu par sa veuve.

Mrs. Stevenson m'offre des livres qui ont appartenu à son mari et que, visiblement, il a lus et relus.

Ce qu'elle écrit sur une page de l'un de ces livres me laisse sans voix.

Je la quitte très ému, avec l'impression que Robert Louis Stevenson en personne m'a adressé quelques messages posthumes.

Le *Spray* et son vaillant capitaine ont quitté les îles Samoa depuis de longs jours quand, en octobre 1896, j'arrive en vue des côtes australiennes, faisant route vers le port de Sydney.

Là, je pêche un requin de trois mètres quatre-vingts de long, avec sa progéniture : vingt-six petits requins, qui survivront toute une journée dans un canot rempli d'eau.

Je fais payer six pence[11] par personne le droit de voir ces requins. Les fonds recueillis me permettent de m'acquitter de ma taxe de séjour[12]. N'oublions pas que j'ai fait carrière dans la marine marchande !

Tout au long de mon voyage,
il m'a fallu pêcher et cuisiner
le poisson pour affronter la mer
le ventre plein.
Jadis, mon premier emploi d'aide-cuisinier sur un navire de pêche
avait plutôt mal fini.
Un soir, j'avais préparé une soupe
à ce point immangeable…

… qu'elle avait failli déclencher une mutinerie.

Le 22 juin, ont lieu de grandes fêtes à l'île Thursday[13].

Ce soir-là,
les guerriers indigènes
dansent autour d'un grand feu
au rythme de bouts de bois
frappés l'un contre l'autre
en cadence.
Spectacle à la fois
amusant, remarquable
et bizarre.

WAR EXTRA
NEW YORK JOURNAL
CONGRESS DECLARES WAR
EXTRA
LEVY FOR TROOPS MADE ON THE STATES
SPRAY
Mon voyage touche à sa fin.
Mais tandis que je fais voile vers Newport – mon ultime escale –
éclate la guerre hispano-américaine[14].
En principe, elle ne devrait pas faire courir de grands risques à mon petit navire.

Pourtant la baie de Newport est minée !
Je dois me dérouter pour trouver une voie plus sûre.
Enfin, le 27 juin 1898, à 1 h du matin, le *Spray* arrive à destination après sa «croisière» de plus de quarante-six mille milles[15] autour du monde, accomplie en trois ans, deux mois et deux jours.

ÉPILOGUE : En 1899, Joshua Slocum rédige le récit de son voyage à bord du *Spray*. Ce récit sera d'abord publié en feuilleton dans un magazine américain, puis en un volume, qui paraît en 1900. Le livre connaît un énorme succès de librairie (voir ses éditions en français page 45).

Le jeune garçon qui fuguait en barque et dévorait les livres d'aventures maritimes est devenu le premier navigateur en solitaire autour du monde. Plus tard, d'autres renouvelleront son exploit, mais il restera à jamais une figure de légende pour les marins.

Il sera même reçu à la Maison-Blanche par le président Theodore Roosevelt, en 1907.

Le 14 novembre 1909, Joshua Slocum quitte Martha's Vineyard[16] à bord du *Spray*, en direction de l'estuaire de l'Orénoque[17].
Personne ne reverra jamais ni le *Spray*, ni son capitaine…

Pour en savoir plus

SLOCUM

Joshua Slocum est né le 20 février 1844 à Wilmot, Nouvelle-Écosse, sur la côte atlantique du Canada, dans une famille de marins et de pêcheurs. Mousse à douze ans, orphelin à seize, il gagne sa vie dans la marine marchande du Royaume-Uni. Il passera toute sa vie en mer, se mariera et aura sept enfants. C'est en 1890 qu'il se retrouve à Boston sans emploi. Le temps des grands navires à voile est passé. Un ami lui offre alors le *Spray*, ancien bateau de pêche aux huîtres. Slocum, expert en construction navale, le remet à neuf. Après une période de pêche peu fructueuse, il décide de faire un tour du monde en solitaire à bord du *Spray*, exploit jusqu'alors totalement inédit.

En 1909, âgé de 65 ans, il appareille sur le *Spray* au départ de Bristol, Rhode Island, pour une croisière qui devait l'amener jusqu'en Amazonie. Il disparaît dans le légendaire triangle des Bermudes. On ne le reverra plus.

LE *SPRAY* (*ici, réparé, au large de la côte australienne, photo d'époque*). C'est un bateau de pêche aux huîtres du Massachusetts âgé de cent ans ! Il mesure 11,20 mètres de long, 4,32 mètres de large, pour une voilure de 94 mètres carrés. Slocum ajoutera un mât de tapecul et sa voile (voir p. 38). De nombreux marins ont ensuite construit leurs bateaux d'après les plans du *Spray*, devenu légendaire.

LA MARINE À VAPEUR (*ici, le* John J. Say *chargé de balles de coton, à Myrtle Hill, aux États-Unis, vers 1850*). Aux États-Unis, en 1807, la première ligne commerciale de bâtiments à vapeur reliant New York à Albany est inaugurée. C'est le début d'un grand bouleversement; progressivement, d'abord dans la marine marchande, puis dans la marine de guerre, les navires à voile vont être remplacés par des navires propulsés par une hélice que fait tourner un moteur à vapeur. De nombreux voiliers seront abandonnés et même démolis.

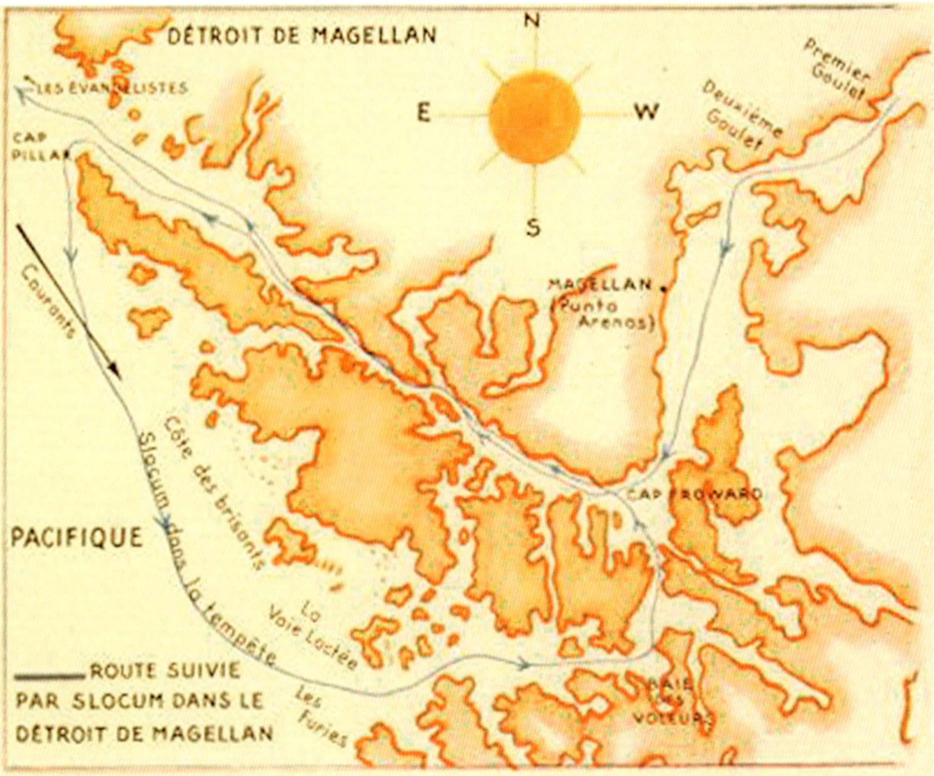

LE CAP HORN

Situé au point le plus austral de l'Amérique du Sud, il fut, des siècles durant, un point de passage des routes commerciales entre l'Europe et l'Asie. Surnommé « le cap des tempêtes » ou le « cap redouté », il était le cauchemar de tous les marins. Il est aujourd'hui un point de passage de courses à la voile, tel le Vendée Globe.

LA GUERRE HISPANO-AMERICAINE

Elle se déroula d'avril à août 1898 entre les États-Unis et l'Espagne. Elle fut rapidement gagnée par les États-Unis, malgré la supériorité de l'Espagne en hommes et la puissance de sa flotte. Elle eut pour conséquence l'indépendance de Cuba (jusqu'en 1901).

D'anciennes colonies espagnoles situées dans la mer des Antilles et le Pacifique passèrent sous le contrôle des États-Unis.

Ici les Rough Riders (les Vaillants Cavaliers), régiment de volontaires. Au centre, avec lunettes et moustache, leur capitaine Theodore Roosevelt (1858-1919), qui fut président des États-Unis de 1901 à 1909.

En 1892, à Fairhaven, dans le Massachussetts, aux États-Unis, Joshua Slocum se voit offrir le *Spray*, vieux sloop à l'abandon. Il abat un chêne et y taille l'étrave et la quille du bateau, reconstruit en grande partie la coque, le pont, pose un grand mât.
Au bout de treize mois de travail acharné, le *Spray* est remis à neuf et prêt à naviguer.

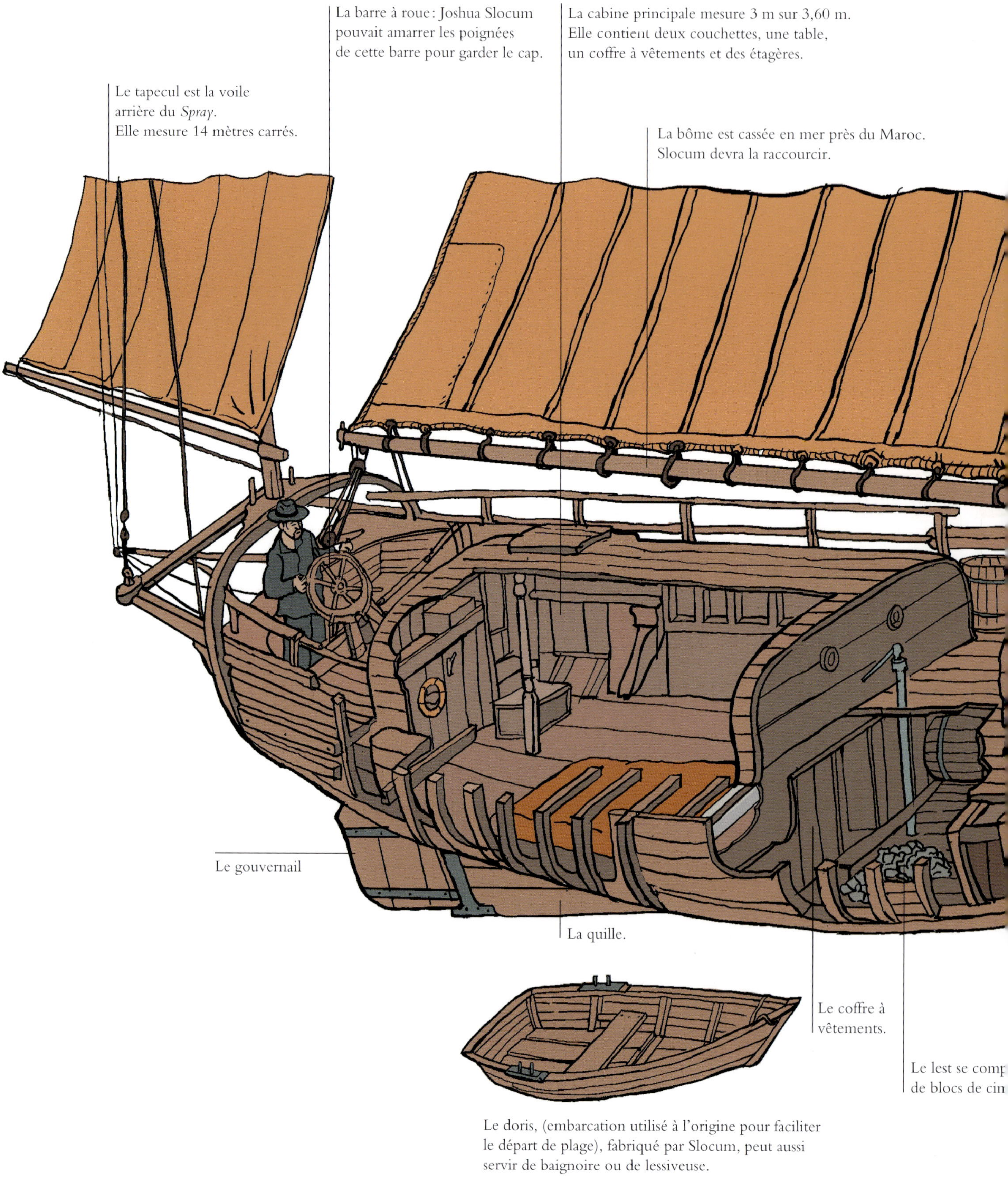

La cabine avant mesure 1,90 m sur 1,80 m. Elle contient la «cuisine» du bord.

Le guindeau est l'une des trois ancres du *Spray*.

La grand-voile de 57 mètres carrés. Elle est très lourde. Pourtant, Slocum la hisse seul.

Le grand mât.

Le grand foc mesure 23 mètres carrés.

Le beaupré sera raccourci, lui aussi, lors de l'escale à Montevideo en Uruguay.

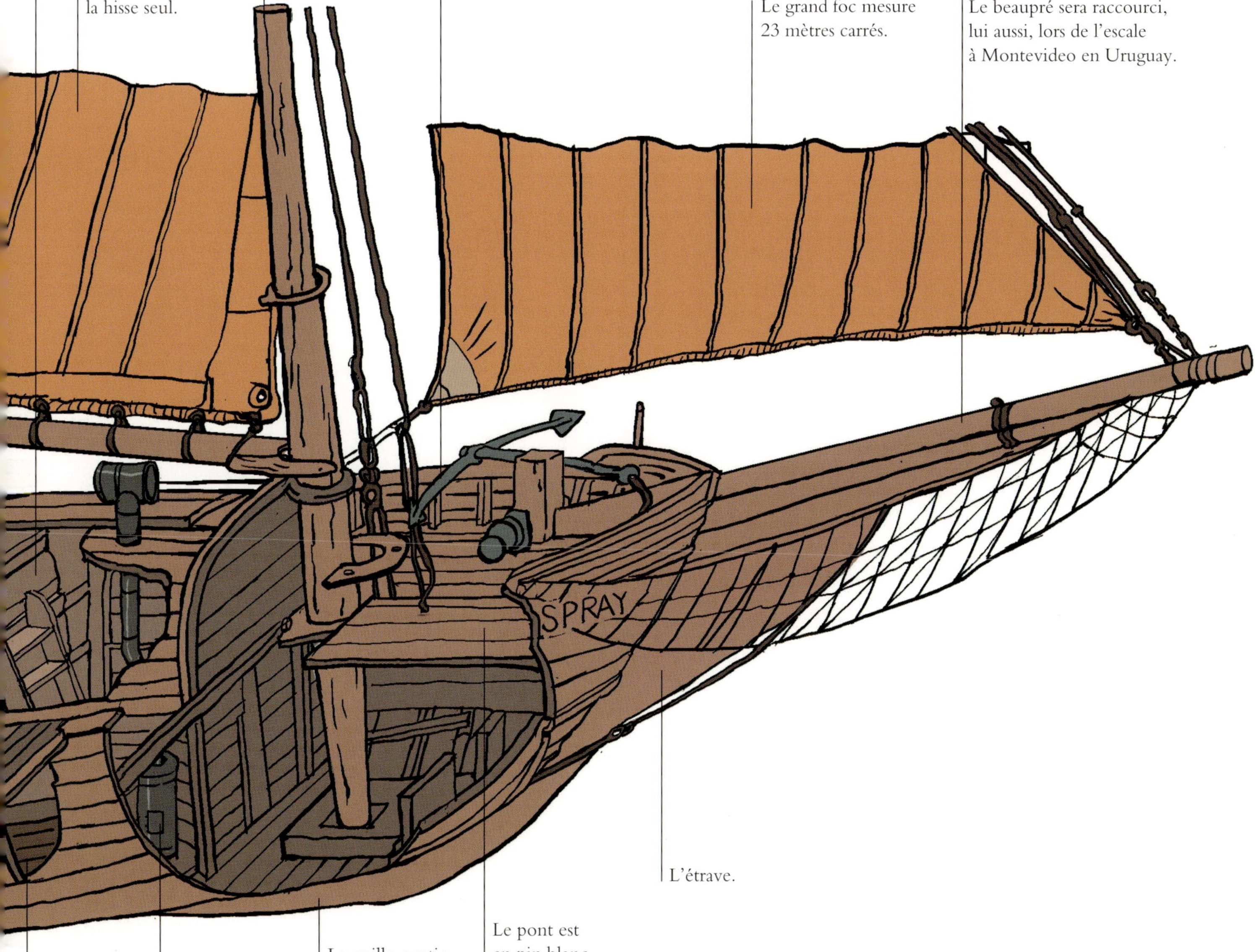

L'étrave.

Le pont est en pin blanc.

La quille, partie la plus basse d'un bateau.

Le poêle, bricolé par Slocum à partir d'un vieux baril de métal.

La cale centrale où sont stockées les provisions.

ALEXANDER SELKIRK

Matelot écossais, né en 1676, mort en 1721. Il fut débarqué sur l'île de Más a Tierra avec ses effets personnels et une bible. Il y vivra seul quatre ans et quatre mois avant d'être recueilli par un navire anglais.

On le retrouve à Londres en 1711. L'écrivain Richard Steele publiera son histoire dans un journal ; elle connaîtra un vif succès et inspirera à Daniel Defoe son célèbre *Robinson Crusoé* paru dix ans plus tard.

" He never heard a sound more dismal than their parting oars."—p. 8.

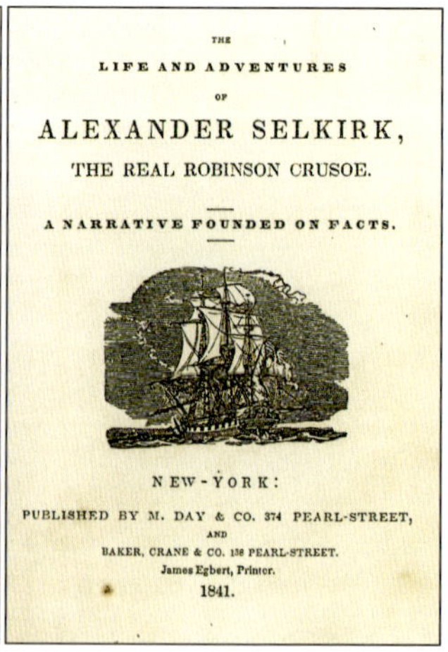
THE
LIFE AND ADVENTURES
OF
ALEXANDER SELKIRK,
THE REAL ROBINSON CRUSOE.
A NARRATIVE FOUNDED ON FACTS.

NEW-YORK:
PUBLISHED BY M. DAY & CO. 374 PEARL-STREET,
AND
BAKER, CRANE & CO. 158 PEARL-STREET.
James Egbert, Printer.
1841.

En 1704, sous le règne (1702-1714) d'Anne Stuart (1665-1714), reine d'Angleterre, d'Écosse et d'Irlande, Daniel Defoe fut condamné au pilori pour avoir écrit contre l'intolérance de l'Église anglicane.

DANIEL DEFOE, 1659-1731, (*tableau attribué à Godfrey Kneller, National Maritime Museum, Londres*). Écrivain, journaliste, aventurier, voyageur, commerçant, personnage assez mystérieux du reste, agent secret à ses heures, ayant connu la prison, il est l'auteur notamment du célèbre *Robinson Crusoé*, classique de l'île déserte (illustration de Carl Offterdinger, 1829-1889) et *Moll Flanders*, roman d'une prostituée qui «réussit» et devient une dame riche et respectée. Ces deux immenses succès font de lui un des tout premiers prosateurs anglais.

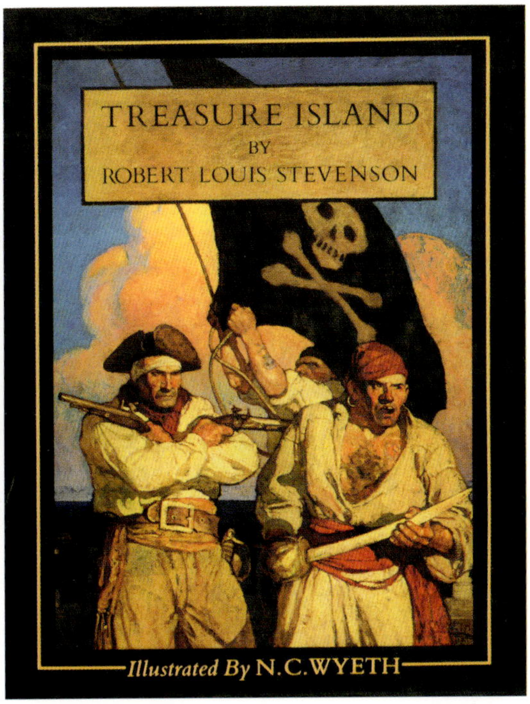

Couverture de *L'Île au trésor*, de Robert Louis Stevenson, illustré par Newell C. Wyeth (1882-1945), un des illustrateurs les plus populaires aux États-Unis.

ROBERT L. STEVENSON

Né en 1850 à Édimbourg en Écosse et mort en 1894 à Vailima, aux îles Samoa (ci-dessous la photo de sa maison là-bas), Robert Louis Stevenson fut, malgré la tuberculose, un grand voyageur et un immense écrivain. Il est l'auteur non seulement de *L'Île au trésor*, classique du roman d'aventures maritimes, mais du non moins célèbre *Étrange cas du Dr. Jekyll et de Mr. Hyde*. Il s'installe en 1890 aux Samoa où il épouse la cause indigène. Aimé et respecté de tous, il devient chef de tribu et ses funérailles seront un événement sur l'île. Sa tombe se trouve au sommet d'une montagne, face à la mer.

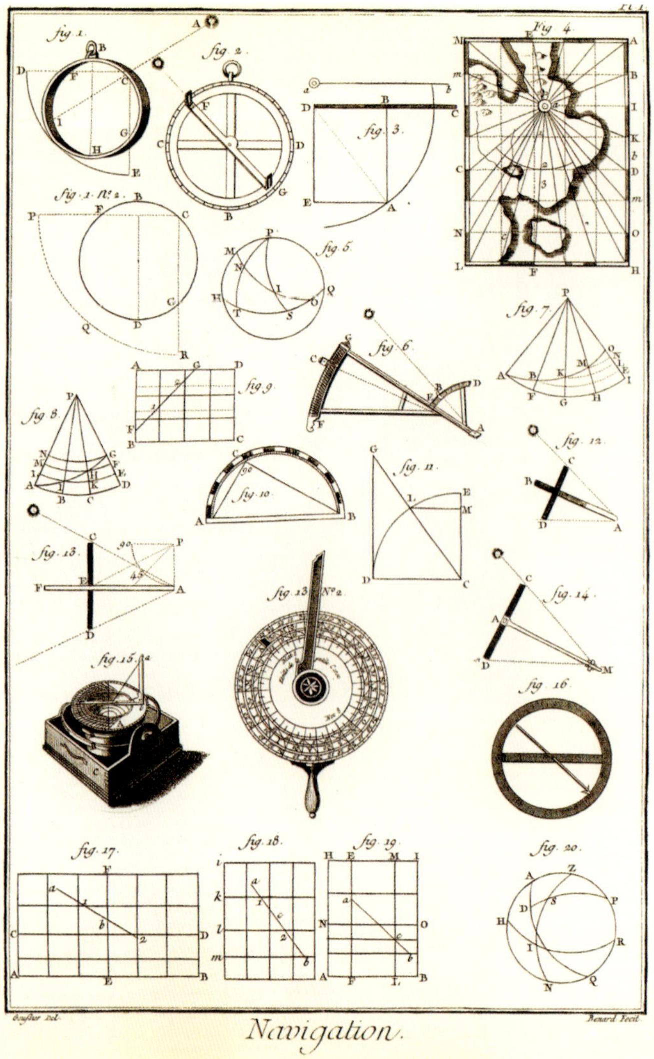

Pour tracer sa route, le navigateur a besoin d'instruments qui lui indiquent sa position. Ici la planche extraite de l'Encyclopédie de Diderot et d'Alembert.

Le *Spray* vu sous tous les angles, avec des détails de son gréement.

LA PINTA (*«celle qui est peinte», ici une réplique*) est l'une des trois caravelles (jusqu'à trente hommes d'équipage) de Christophe Colomb lors de sa première expédition de découverte (fortuite) de l'Amérique. Le 14 octobre 1492, un marin de la *Pinta* crie: «Terre!» en vue de l'île de San Salvador (archipel des Lucayes, aujourd'hui Bahamas).

Le MARSOUIN (*Neophocaena phocaenoides*) est un petit mammifère marin à dents, au dos plutôt noir et au ventre plutôt blanc. Il se nourrit de poissons, de crustacés et de seiches. Il est de la même famille que le dauphin.

Le GOÉLAND (*larus argentatus*) est un oiseau de taille moyenne ou grande, généralement gris ou blanc. Il est omnivore (il se nourrit de végétaux et d'animaux).

L'ALBATROS est un oiseau grand et lourd (certaines espèces peuvent atteindre jusqu'à 3,50 m d'envergure) qui a inspiré à Baudelaire un poème.

La BALEINE À BOSSE ou rorqual à bosse est une espèce de baleines à fanons. C'est un mammifère cétacé de grande taille : les adultes atteignent habituellement 13 à 14 mètres de long et pèsent en moyenne 25 tonnes. La baleine à bosse effectue des sauts spectaculaires hors de l'eau, possède de longues nageoires pectorales et son chant est très élaboré. Elle vit dans les océans et les mers du monde entier.

La MOUETTE BLANCHE. Elle a besoin de se grouper pour se nourrir et pour nicher. Son tempérament querelleur lui offre sa meilleure protection contre les prédateurs.

L'ALBATROS

Souvent, pour s'amuser, les hommes d'équipage
Prennent des albatros, vastes oiseaux des mers,
Qui suivent, indolents compagnons de voyage,
Le navire glissant sur les gouffres amers.

À peine les ont-ils déposés sur les planches,
Que ces rois de l'azur, maladroits et honteux,
Laissent piteusement leurs grandes ailes blanches
Comme des avirons traîner à côté d'eux.

Ce voyageur ailé, comme il est gauche et veule !
Lui, naguère si beau, qu'il est comique et laid !
L'un agace son bec avec un brûle-gueule,
L'autre mime, en boitant, l'infirme qui volait !

Le Poète est semblable au prince des nuées
Qui hante la tempête et se rit de l'archer ;
Exilé sur le sol au milieu des huées,
Ses ailes de géant l'empêchent de marcher.

Charles Baudelaire (1821-1867)

Le CORMORAN de Gaimard plonge et nage sous l'eau pour attraper les poissons dont il se nourrit.

Fig. 16. Fig. 17. Fig. 18.

Fig. 19. Fig. 20. Fig. 21. Fig 22.

Fig. 23. Fig. 24. Fig. 25. Fig. 26.

Fig. 45.

Fig. 46.

Fig. 47.

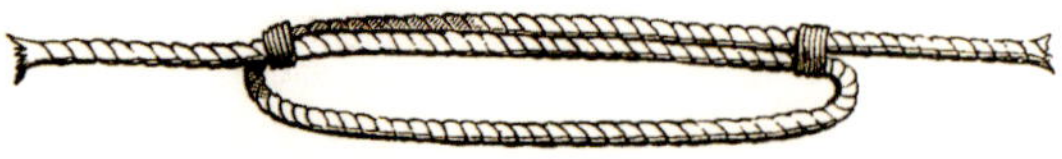

Fig. 48.

Fig. 49.

Fig. 123.

Fig. 124.

Fig. 36.

Fig. 37.

Fig. 38.

Fig. 39.

Fig. 40.

Fig. 41.

FIG. 4.

Les nœuds sont une science indispensable au navigateur à la voile. Leur variété est grande, chacun répondant à une utilité précise.

DANS LE SILLAGE DE SLOCUM

Depuis Joshua Slocum, plusieurs navigateurs ont fait le tour du monde à la voile et en solitaire : les plus célèbres en France sont ←Nicole van de Kerchove (1945-2008), Éric Tabarly (1931-1998) et… le chanteur Antoine→.

Antoine

Entre 1968 et 1969, Robin Knox-Johnston est le premier à réaliser un tour du monde à la voile en solitaire et sans escale lors du Golden Globe Challenge. Le Français Bernard Moitessier, alors en tête de la course, décide de continuer et effectue un tour du monde et demi.

Dans les années 1980, Marvin Creamer est le seul navigateur connu à avoir effectué une circumnavigation autour de la Terre sans aucun équipement (pas même un compas).

Éric Tabarly arrivant à Newport, États-Unis, à bord du *Pen Duick VI* après sa victoire dans la course transatlantique Ostar, en juin 1976.

En 1988, l'Australien Jon Sanders effectue un triple tour du monde à la voile sans escale, 71 023 milles parcourus en 657 jours de mer.

En 2005, Bruno Peyron bat le record de la plus rapide circumnavigation autour du globe en 50 jours, 16 heures, 20 minutes et 4 secondes.

En 2010, Alessandro di Benedetto, en 268 jours, 19 heures, 36 minutes et 12 secondes, bat le record du tour du monde en solitaire, sans escale et sans assistance, sur un bateau à voile de 6,5 mètres (le plus petit bateau à tenter un pareil exploit).

Parmi les jeunes, on peut citer Zachary Tristan « Zac » Sunderland, un Américain qui avait 17 ans lorsqu'il termina son tour du monde en solitaire en 2009.

L'Australien David Dicks (en 1996), ainsi que l'Anglais Michael Perham (en 2009), tous deux âgés de 17 ans, avaient établi des records semblables.

Enfin, en 2010, la jolie Australienne Jessica Rose Watson→, 16 ans, détient le record du plus jeune skipper pour un tour du monde sans escale, à bord de l'*Ella's Pink Lady*.

Jessica Watson

NOTES

1 Coque de noix : on donne ce nom à un petit bateau d'apparence fragile.

2 Un sloop est un bateau à voile, généralement ponté et à quille.

3 Mettre à la cape : Pour un voilier, c'est réduire sa voilure, donc son allure, manœuvre nécessaire pour affronter le très gros temps.

4 Une lame est une énorme vague.

5 La bôme est une pièce de bois qui permet de maintenir et d'orienter la grand-voile d'un bateau.

6 Le gréement d'un navire à voile est l'ensemble du matériel situé sur le pont permettant sa propulsion par la force du vent.

7 Le gouvernail est un dispositif mobile destiné au contrôle directionnel d'un bateau.

8 Une mutinerie est une rébellion au sein d'un groupe réglé par la discipline. Elle peut survenir dans les armées, les prisons, les bagnes et les équipages de navire.

9 Le marsouin est un cétacé marin (voir photo page 43).

10 Une épitaphe est une inscription funéraire, gravée sur une tombe ou un monument aux morts.

11 Le *penny* (au pluriel : *pence* quand il s'agit de l'unité de compte ou *pennies* quand on parle des pièces de monnaie) est l'unité monétaire divisionnelle de plusieurs pays anglo-saxons.

12 La taxe de séjour est une taxe que Slocum doit acquitter dans certains ports.

13 L'île Thursday est une des îles du détroit de Torres, entre la péninsule du cap York (extrême nord-est de l'Australie) et la Nouvelle-Guinée.

14 La guerre Hispano-Américaine, d'avril à août 1898 entre les États-Unis d'Amérique et l'Espagne, eut pour conséquence l'indépendance de Cuba jusqu'en 1901, et la prise de contrôle par les États-Unis d'anciennes colonies espagnoles de la mer des Antilles et de l'océan Pacifique.

15 Le mille marin international, ou mille nautique, utilisé en navigation maritime et aérienne, est une unité de mesure valant 1 852 mètres.

16 Martha's Vineyard (le Vignoble-de-Martha) est une île de 231,75 km^2 située au sud de la presqu'île du cap Cod, dans l'État du Massachusetts aux États-Unis.

17 L'Orénoque est un fleuve du Venezuela et de Colombie, en Amérique du Sud.

LE TEXTE ORIGINAL du voyage de Slocum est téléchargeable gratuitement sous gutenberg.org : *Sailing Alone Around the World*, par Joshua Slocum.

En traduction française il a été notamment publié sous le titre de *Seul autour du monde sur un voilier de onze mètres* par le Club des libraires de France, 1961, Paris, et de *Navigateur en solitaire* par Buchet-Chastel, 1990, Paris, et en poche par Actes Sud, 1995 Arles, (Babel), ou *Seul autour du monde à la voile* la Découvrance, 2010 La Rochelle.

SPRAY